Words from Warriors

Contado por guerreros

Presentación

Con la esperanza de no olvidar jamás a nuestros veteranos ni las cicatrices que llevan. Ya sea que esas cicatrices sean físicas o emocionales, nuestros veteranos están agradecidos por la habilidad de lograr sus metas. Sus metas son las mismas que las mías o las de ustedes: tener una vida mejor para ellos y su familia, y el servicio militar les ha dado esta oportunidad. Este libro nos ofrece una visión de la vida del veterano y nos permite tratar de entender esas cicatrices.

Marie Paiz.

Presentation

In the hope we never forget our Veterans or the scars they bear. Whether these scars are physical or emotional, our Veterans are still grateful for the ability to fulfill their goals. The goals are the same as yours or mine – to make a better life for their family, and the military gave them this ability. This book offers us a glimpse into the Veteran's life and allows us an attempt to try and understand those scars.

Marie Paiz.

Contado por guerreros

Words from Warriors

- Antología -
Historias de Veteranos

Compiladores:
Enna Haines y James Eldridge
Coordinadora:
Dra. Ana María González

- Anthology -
Stories by Veterans

Compilators:
Enna Haines and James Eldridge
Coordinator:
Dr. Ana María González

Chiringa Press
Seguin, Texas 2015

Portada: Enna Haines

Diseño: Michael Godeck

Primera edición 2015
©Ana María González
chiringapress@gmail.com
Print: ISBN 978-1-61012-035-7

Para los que han sabido vencer.

For those who have never quit.

El optimista

Cuando tenía 18 años era bastante ignorante en las cosas del mundo, y como no quería trabajar en Pizza Hut para el resto de mi vida, me arriesgué. No sabía lo miserable que estaría en los primeros años, cuando realmente no entendía cómo funcionaban las cosas.

Mi nombre es Aaron Zuchowicz y me uní al ejército de los Estados Unidos. Estuve en servicio activo en el ejército durante ocho años y medio. Inicialmente mi título era operador del comando de la defensa aérea y del sistema de comunicaciones, computación e inteligencia. Lo que es una forma muy larga de decir: "usted va a ser miserable". Después de esto obtuve el título de especialista de la salud, que era un poco más divertido, ya que implicaba ayudar a la gente después de que habían sido heridos.

Como especialista de la salud, estaba involucrado con la mayoría de las cosas que los soldados hacían durante el día diariamente, y no se requería mucho esfuerzo en el entrenamiento físico. Casi me habría gustado que hubiera estado más fuertemente basado en el entrenamiento físico, pero al menos no me pasé odiando la vida de mis últimos cuatro años en el ejército.

La parte mala de mi trabajo era las pesadas horas. Tenía que llegar a trabajar alrededor de las cuatro de la mañana para llevar a cabo operaciones "consulta médica" y revisiones médicas iniciales. No salía del trabajo sino hasta alrededor de las 6:30 de la noche. Esto hizo que los días se me hicieran muy pesados. La otra parte que no me gustaba mucho era el cambio constante que implicaba el estar en entrenamiento durante dos semanas, seguidas de dos semanas de descanso, aunque a veces los entrenamientos duraban un mes o más.

Mi experiencia en el ejército tuvo sus altibajos. Pude conocer a un montón de gente estupenda, pero también me dio la oportunidad de conocer a algunas personas realmente horribles. Sin embargo, eso es el ejército: es una gran colección de personalidades que generalmente interactúan con un objetivo común y uno espera que se haga de una manera satisfactoria.

Salí del ejército porque quería obtener un título universitario. Esto nunca había sido una opción mientras estaba en el ejército, ya que la mayoría de las opciones universitarias se reservan para re-alistamiento, donde sólo se podía ir a la universidad por un semestre. A la larga esto no ayuda porque uno sólo puede volver a enlistarse cada cuatro años.

Las cosas que habría hecho de otra manera sería que habría elegido mi primer trabajo de manera diferente. Habría tenido una mejor condición física antes de entrar al ejército; así que en lugar de tratar de pasar años tratando de ponerme al día, me podría haber sentido como pez en el agua. También me habría comportado mejor. Algunas cosas siempre te perseguirán, y apenas una sola infracción, si se documenta, puede obstaculizar gravemente las oportunidades futuras que puedas tener para ingresar de nuevo al ejército.

Si pudiera hacerlo todo de nuevo lo habría hecho de otra manera: primero habría ido a la universidad y luego me habría unido al ejército como oficial. No creo que estaba listo para eso en aquel momento de mi vida. Sin embargo, puedo pensar en un montón de cosas que habría hecho otra vez. No me gustaría tener remordimientos, y aunque hay cosas que hubiera querido hacer cuando era más joven, no voy a volver para tratar de que se hagan ahora.

Aaron Zuchowicz.

The Optimistic One

When I was 18, I was rather ignorant in the ways of the world, and since I did not want to work at Pizza Hut for the rest of my life, I took a chance. Little did I know how miserable I would be for the first few years, when I did not really understand how things tended to work.

My name is Aaron Zuchowicz and I joined the United States Army. I was active duty in the Army for eight and a half years. Initially my job title was air defense command, control, communications, computers and intelligence enhanced system operator/ maintainer. This is a really long way to say, "You are going to be miserable." Following this, I earned the title of healthcare specialist, which was a bit more fun, as it involved running around patching people up after they had been injured.

As a healthcare specialist, I was involved with most of the things the soldiers did on a daily basis, and there was considerably less focus on physical training. I almost wish it had been more heavily based on physical fitness, but at least I was not hating life for my last four years in the Army.

The bad part of my job was the very long hours. I would show up to work around four in the morning to conduct "sick call" operations and pre-screenings. I would not leave work until around 6:30 pm. This made for very long days. The other part I did not enjoy much was constantly being out "in the field" for two weeks on and two weeks off of field training, and some training lasted a month or more.

My experience in the military had its ups and downs. I got to meet a lot of great people. I also bore witness to some really horrible people. But, that is what the Army is. It is a massive collection of personalities that generally interact toward a common goal, and you hope it gets done in a satisfactory way.

I left the Army because I wanted to get a college degree. This had never been an option while I was in the military, with most college options being reserved for re-enlistment, where you could only go to college for a semester. This does not help in the long run because you can only re-enlist every four years.

The things I would have done differently would be that I would have chosen my first job differently. I would have been in much better shape before I went into the military, rather than trying to spend years catching up, I could have just switched into maintenance mode. I also would have been better behaved. Some things will always haunt you, and just a single infraction, if documented, can seriously hamper any future opportunities you might have for going back into the military.

If I could do it all over again would have done it differently, I would have gone to college first, then joined as an officer. I do not think I was ready for that at that point in my life. However, I can think of a lot of things I would have done over in my life. I do not like having regrets, and there are things I wish I could have done when I was younger, so I am not going back trying to get them done now.

Aaron Zuchowicz.

Un verdadero héroe americano puertorriqueño

Nacido el 11 de octubre de 1946 en Puerto Rico, Rafael A. Delannoy no es precisamente un veterano tradicional. Vino a los EEUU después de haber sido ya un granjero exitoso de igual manera que su esposa quien era dueña de su propio restaurante. Su cosecha era tal que podía vender en el mercado, proveer a los necesitados y llevar una vida bastante cómoda. Sin embargo, llegó el punto en que se vio obligado a estar armado para vigilar sus campos porque había gente que venía y les robaba todo lo que podían. Su esposa Sofia padeció algo similar cuando ciertos individuos robaron y quemaron su restaurante en dos ocasiones. Desafortunadamente la situación de Puerto Rico de entonces era tal que abundaba la corrupción y se vieron obligados a abandonar su lugar de origen.

Había un primo de Rafael que vivía en Houston y pensó que quizá América sería un lugar bueno para empezar de nuevo. Todo esto sucedió en los principios de los sesenta, y como inmigrante nuevo a los Estados Unidos, él no fue llamado al servicio militar. No obstante, se vio obligado a hacer su parte durante un tiempo en el cual muchos intentaban evitar el servicio militar. Hoy en día, Rafael todavía tiene un marcado acento al hablar inglés, así que evidentemente al principio de su servicio el idioma era un verdadero obstáculo. Pero tanto él como sus compañeros tenían cosas más importantes de qué preocuparse. Durante su servicio, solía ofrecerse para hacer cosas que muchos no harían: se ofreció para un pelotón especial y, por ser chaparrito, normalmente solían mandarle para ahuyentar a los enemigos que estaban escondidos en túneles. En la última de estas ocasiones, sus aliados arrojaron gas mientras él todavía estaba dentro de los túneles. Intentó escapar pero perdió la conciencia y se despertó algunos días después en el hospital. Rafael todavía lleva las cicatrices que recibió en Vietnam, junto con el tanque de oxígeno que necesita y todo esto, aunado a las visitas frecuentes a la sala de urgencias, demarcan su tiempo en la guerra. Sin embargo, él no abriga amargura y muestra su patriotismo en cada oportunidad que se le presenta.

Rafael Delannoy.

A True American Hero from Puerto Rico

Born on October 11, 1946 in Puerto Rico, Rafael A. Delannoy isn't exactly a traditional veteran. He came to the United States after having already been a successful farmer and his wife had a successful restaurant. He grew enough produce to make a comfortable living selling on the market, and even helped out many of his neighbors by giving them food in times of need. However, it came to a point where he needed to guard his fields with a gun because there are those that would simply come and steal everything that they could. His wife, Sophia, experienced something similar when criminal elements robbed and burned down her restaurant on two occasions. Unfortunately, the climate in Puerto Rico at the time was such that corruption abounded, and both he and his wife saw the need to leave the only place they'd ever known.

Rafael had a cousin that lived in Houston, Texas, and he thought that America might be a good place to start over. This was in the early '60s, and as a new immigrant to the United States, he had not been drafted into Vietnam. However, he saw himself obligated to do his part and so volunteered to serve where so many others tried their best to avoid going. To this day, Rafael has a fairly noticeable accent when he speaks English, so language certainly was somewhat of a barrier when he first enlisted. However, this was easily overlooked in light of the seriousness of the situation that he and all of his comrades were placed in. Rafael would volunteer where others would not – he volunteered for a special operations unit and, because of his short stature, he was typically sent into tunnels to clear them out of any "unwanted" individuals. Unfortunately for him, on one of these occasions – the last one, which sent him home – while he was still inside the tunnels, he was accidentally gassed by friendly forces. He fell unconscious while still inside as he tried to scramble out and woke up in the hospital some days later. Rafael still carries the scars that he accumulated in Vietnam, as well as an oxygen tank and regular emergency room visits that mark his time at war. He isn't bitter, however, and still shows his patriotism at every opportunity.

Rafael Delannoy.

El padre militar

Soy Adam Haines y vengo de una familia de militares. Mi padre y mis tíos estuvieron en la marina. Después de graduarme de la escuela secundaria daba la impresión de no estaba haciendo nada con mi vida. Así que mi padre me llevó a la oficina de proceso militar y me dijo adiós. En ese momento de mi vida, el unirme a la marina no fue por razones patrióticas. Sin embargo, creo que mi padre me quería fuera de su casa y que tuviera una fuente de trabajo.

Mi carrera militar comenzó en la Marina de los Estados Unidos y terminó en el ejército. En la marina era un electricista y en el ejército fui un interrogador. Estuve un total de trece años en servicio activo y tres años en la reserva del ejército. Actualmente estoy en la reserva del ejército.

Lo bueno de estar en el ejército fue que me dieron la oportunidad de ayudar a las comunidades en Afganistán e Iraq. También pude crear lugares de estabilidad para los líderes del pueblo para reunirse, discutir sus problemas y buscar ayuda. El estar en la armada, diría que los despliegues eran la mejor parte de mi trabajo. En el primer despliegue tuve la oportunidad de visitar más de quince países. Viniendo de San Antonio, Texas y de una familia relativamente pobre, la experiencia fue algo inaudito. Lo único malo sobre el trabajo es enfrentar al enemigo y preocuparse por los miembros de mi equipo.

Me encantó la experiencia que tuve en el ejército. No creo que sería tan inteligente como lo soy hoy, y no creo que tuviera una fuerte ética de trabajo como la tengo ahora. Decidí dejar el servicio activo porque mi familia tiene prioridad sobre todo. Antes de salirme se me dio la oportunidad de un ascenso y con eso venían órdenes a la Bahía de Guantánamo, Cuba, pero acababa de regresar de Afganistán y no estaba preparado emocionalmente para dejar a mi hermosa esposa e hijos maravillosos por dos años más.

La única cosa que cambiaría es que sin duda me habría quedado en la Marina de los Estados Unidos. El ambiente era mejor y la experiencia también fue mejor. Los líderes de la marina se preocupaban por sus subordinados y sus familias. Esta experiencia no fue la misma en el ejército.

Si lo hiciera todo de nuevo, me volvería a unir al servicio militar. Después de la marina y el ejército y antes de la universidad, trabajé para algunas empresas civiles. Para mí, algunos de los jefes parecían no tener sentido común y creían que el único mundo que existía era su propio mundo. Estaba feliz de ser parte de algo más grande que nuestros problemas aquí en los EE.UU.

Adam Haines.

The Military Father

I am Adam Haines and I come from a military family. My father was in the Navy and my uncles joined the Navy as well. After I graduated high school the perception of me was that I was not doing anything with my life. So my father took to me to the military in processing and said his good bye. At this time in my life, joining the military was not because of patriotic reasons. I did however, believe my father wanted me out of his house and wanted me to have a job with security.

My career with the military started in the U.S. Navy and ended in the U.S. Army. In the US Navy I was an electrician and in the US Army I was a source handler/ interrogator. I served a total of 13 years active duty and 3 years in the Army Reserves. I am currently in the Army Reserves.

The good part of being in the Army was that I got to the help the communities in Afghanistan and Iraq. Creating Village Stability Places for village leaders to come together and discuss their problems and seek help. Being in the Navy, I would say the deployments were the best part of my job. The first deployment I was able to visit over 15 countries. Coming from San Antonio, Texas and a relatively poor family at that time, that was unheard of. The only bad part about the job was engaging the enemy and worrying about the members in my team

I loved the experience I had in the military. I do not believe I would be as smart as I am now, and I do not think I would have a strong work ethic as I do now. I would have bloomed late being a self-starter. I decided to leave active duty because my family takes precedence over everything. Before I got out I was facing a promotion and with that came orders to Guantanamo Bay. I had just redeployed from Afghanistan to the US. I was not prepared emotionally, to leave my beautiful wife and wonderful children for two more years.

The only thing I would change is that I definitely would have stayed in the U.S. Navy. The atmosphere was better and the experience was better. The leadership in the Navy cared for their subordinates and their families. This experience was not the same in the Army.

If I would do it all over again, I would have joined the military. After the military, before college, I worked for some civilian companies. To me, some of the bosses I had appeared to have no common sense and believed the only world that existed were their own world. I was happy to be a part of something bigger than our own problems here in the US.

Adam Haines.

Saliendo de la trampa

Al haber nacido en San Antonio con abuelos de Monterrey, México y con un marido de Panamá, Priscilla buscaba algo nuevo. Su familia se enojó con ella por causa de su decisión de unirse al ejército, pero ella sabía que esa sería su mejor opción para salir de la trampa de San Antonio y no quedarse allí como habían hecho las demás de su familia hasta entonces. Su bisabuelo le aconsejó enlistarse en la fuerza aérea porque creía que allí, ellos la tratarían mejor que en las demás ramas del servicio militar.

En la fuerza aérea, le asignaron un trabajo de logística y durante su escuela técnica dos amigas le ayudaron a mantener la cordura. Briana Meador y Lisa Ford eran sus mejores amigas, aunque en realidad Priscilla es muy amable y hace amigos fácilmente. Aún hoy día ella sigue en contacto con ellas y los niños de ellas, a pesar de que viven en diferentes estados.

Su trecho de servicio más interesante fue el tiempo que pasó en la base de Elmendorf en Anchorage, Alaska. Las tropas de Elmendorf solían desplegar a menudo y perdieron algunos amigos en el extranjero pero por lo mismo llegaron a ser más como una familia. El aprender a adaptarse es la técnica más importante, no importa si estás en la base o no; ya sea en casa o en el extranjero. Ella vio que había algunos problemas por sus diferencias culturales, étnicas o de género, pero aprendió a adaptarse y, aunque fue un desafío, cree ser una mejor persona como resultado.

Cuando ella finalmente decidió dejar la vida militar, lo primero que quería hacer fue una celebración navideña grandísima. Normalmente ella no podía pasar la navidad con sus hijas, así que decidió empezar una nueva tradición. La vida militar siempre cambia a una persona, no importa el tiempo que se haya permanecido en ella. El cambio es para siempre. Se empieza a ver el valor en las cosas pequeñas y quizá eso hace la vida un poco más dulce.

Priscilla Torres.

Getting Out of Dodge

Born and bred in San Antonio, with grandparents from Monterey, Mexico and a husband from Panama, Priscilla Torres just wanted to see something new. Though the rest of her family was angry with her, she knew that joining the military was her best shot to get out of San Antonio. Her great grandfather advised her that she would likely have a better quality of life in the Air Force rather than one of the other branches of service because he believed that women were treated better in the Air Force.

The Air Force gave her a job in logistics, and during tech school two people in particular helped her keep her sanity –Briana Meador and Lisa Ford, though Priscilla is very outgoing and makes friends easily. She still keeps in contact with them and keeps up with their kids, though they now all live in different states.

Her most interesting stretch of service was spent at Elmendorf AFB in Anchorage, Alaska from 2005-2007. Elmendorf was a high tempo deployment base, so they did lose a few Airmen overseas. This served to draw them together, and become more like a family than a military unit. As a result, she learned to become more thick skinned; everyone is different and reacts to situations differently. "Learning to adapt is an important skill to have; whether on base, or off. At home, or deployed," she says. She saw that many issues with ethnicity, background, cultural differences, and gender issues were all things that she had to learn to adapt to. It was a challenge, but she feels that she is a better person for it.

When she did decide to leave the military, the first thing she wanted to do was have a BIG Christmas. Typically, she wasn't able to spend Christmas with her daughters, so she decided to start a new tradition and have a huge Christmas. Being in the military changes you – no matter how long you're in, once you join the military, you're changed forever. You begin to see the value in things that are taken for granted, and maybe it even makes life a little sweeter.

Priscilla Torres.

Cambios de la vida

Mi nombre es Christopher Szymanski y fui comisionado en el ejército en mayo de 2007 como un oficial de la armadura. Me uní al ejército por varias razones, la principal es que cuando me uní nuestra nación estaba muy involucrada con sus operaciones en Iraq y Afganistán. Me sentí como si tuviera la obligación de ayudar con esa misión. Además, sentí que el servir como oficial en el ejército me permitiría utilizar mis habilidades de líder de una manera única, mientras me ofrecía algo de aventura.

Serví durante ocho años como oficial de la armadura, pero realicé una variedad de funciones más allá de mi papel de combate, que incluye puestos de trabajo en recursos humanos y reclutamiento. Esta responsabilidad me dio la oportunidad de dirigir a grandes grupos de personas en algunas situaciones y medio ambientes muy difíciles. Fue una de esas raras ocasiones en que mis acciones directas eran capaces de afectar positivamente la vida de otras personas en el extranjero y en relación con los soldados que sirvieron bajo mi mando. Como todas las cosas buenas del ejército también hay cosas malas y el papel de un soldado de combate es inherentemente peligroso. Además, se requiere significativamente largos períodos de tiempo lejos de la familia, hasta de un año de duración.

En general, el ejército fue una muy buena experiencia y me siento orgulloso de lo que he logrado. Siempre voy a mirar hacia atrás con cariño en mi servicio durante la guerra en el extranjero. Siempre voy a sentir lo contrario del tiempo que no estuve en combate. Decidí dejar el ejército porque cuando entré era un hombre soltero y sin hijos. A través de los años, muchas de esas cosas han cambiado. Como resultado, el deseo de aventura y de tomar riesgos ha desaparecido. La conclusión es que ya no estoy dispuesto a correr el riesgo de poner a mi hija en una situación en la que podría terminar sin padre.

La única cosa que cambiaría de mi experiencia es que hubiera luchado con todas mis fuerzas para mantenerme en situaciones específicas relacionadas con el combate. Es donde la he pasado mejor y he trabajado con la mejor gente. Es también donde como líder puedo tener el máximo impacto.

Si pudiera hacerlo todo de nuevo sin duda lo haría. Cuando entré al ejército era un momento único ya que nuestro país estaba involucrado en dos guerras y la historia se estaba haciendo diariamente. De todos modos, si me preguntaran que si me gustaría unirme hoy, la respuesta sería probablemente que no. Hoy no veo el mismo liderazgo en tiempos de guerra que se vivía en los años anteriores. El enfoque de hoy está en los recortes presupuestarios y reducciones de efectivo dejando al soldado en último lugar en la lista de prioridades. Ese nuevo ejército no es el mismo lugar en donde yo sé funcionar.

Christopher Szymanski.

Life Changes

My name is Christopher Szymanski I was commissioned into the Army in May 2007 as an armor officer (19A). I joined the military for a variety of reasons, the primary reason being that when I joined our nation was very involved with its operations in Iraq and Afghanistan. I felt as though I had an obligation to help with that mission. Furthermore, I felt that serving as an officer in the Army would allow me to use my leadership skills in a unique way while offering me some adventure.

I served for eight years as an armor officer, but I performed a variety of duties beyond my combat role including jobs in human resources and recruiting. This task gave me a chance to lead large groups of people in some of the most challenging of situations and environments. It was one of those rare opportunities where my direct actions were able to positively affect other people's lives both abroad and regarding the Soldiers that served under my direction. Like all good things in the military there are also bad ones and the role of a combat soldier is inherently dangerous. In addition, it required significantly long periods of time away from my family up to a year in length.

Overall the Army was a very good experience and I am proud of what I accomplished. I will always look back fondly on my wartime service overseas. I will always feel the opposite about my time in non-combat roles. I decided to leave the military because when I joined I was a single man without any children. Over the years both of those things have changed. As a result, the desire for adventure and taking risks is gone. The bottom line is that I am no longer willing to risk putting my child in a situation where she could end up without a father.

The only thing I would change from my experience is that I would have always fought my hardest to stay in specific roles that were combat related. It is where I had the most fun and worked with the best people. It is also where as a leader you can make the most impact.

If I could do it all over again I certainly would. When I joined it was a unique time since our nation was involved in two wars and history was being made on a daily basis. That being said, if I was asked if I would join today the answer would likely be no. I don't see the same wartime leadership that existed in prior years. The focus today is on budget cuts and troop strength reductions with the individual soldier last in the list of priorities. That is not a military in which I know to operate.

Christopher Szymanski.

Piloto naval

Descendiente de escoceses e irlandeses, John L. Long nació en Alabama como su madre, mientras que su padre nació en Arkansas. Cuando asistía a la preparatoria, estuvo en la patrulla aérea civil y pensaba en hacerse piloto de la fuerza aérea. Sin embargo, conoció a un oficial de reclutamiento de los pilotos navales poco después de empezar su carrera en la Universidad de Houston. Allí supo que podría emprender uno de sus programas como NAVCAD –cadete de aviación naval– después de dos años en la universidad, mientras la fuerza aérea tenía un requisito de cuatro años. Al principio sus padres estaban contentos con su decisión pero mientras más continuaba su capacitación, más se daba cuenta del peligro que representaba irse a Vietnam, y su padre se preocupaba mucho por él. De todos modos, después de 18 meses, él se graduó como alférez y piloto naval. Los deberes principales variaban de operaciones hasta ser oficial de personal, con la segunda responsabilidad de ser piloto.

Su mejor amigo de su tiempo de entrenamiento y de ser instructor era un piloto de los marinos que se llamaba Ray Kotrla. Él hizo una carrera militar y se jubiló en San Angelo, Texas. Otro amigo suyo era Jack Connell –su compañero de dormitorio mientras estaban estacionados en el portaaviones USS Coral Sea. Él también hizo una carrera militar y se jubiló cerca de la base de la fuerza aérea de Edwards. John no ha tenido contacto con ninguno de los dos desde 1984 y 1983, respectivamente. Él es una persona muy sociable, así que siempre le fue fácil hacer amigos, sin importar su etnicidad o su origen. –En el aire, todos somos iguales– dice.

Recuerda que su trecho más interesante fue del tiempo en que estuvo con su escuadra de flota, la Escuadra de Ataque 153, "las moscas de cola azul". Él se unió con ellos en la primavera de 1968 y salió en mayo de 1969. Ellos fueron desplegados al lado de la costa de Vietnam desde septiembre de 1968 hasta mayo de 1969. Ninguna aviación en el mundo es igual a la de los portaaviones. las operaciones del aire se pueden llevar a cabo en un área hoy y ya para mañana se lleva a cabo 1000 millas de allí. Él puede relatar muchas historias de su tiempo en la Naval. Por ejemplo de la vez que sostuvo un duelo con un cañón anti-avión; o de sus últimos dos días antes de volver a casa, cuando en vez de estar haciendo las maletas y descansar, fue continuamente llamado a los vuelos. Cuando finalmente llegó a casa, sólo quería estar con su esposa.

John L. Long

Naval Aviator

John L. Long is of Scotch-Irish descent, born in Mobile, Alabama with a mother also from Alabama and a father from Arkansas. While going to high school, he had been in the civil air patrol and entertained the idea of becoming an Air Force pilot. However, he met a recruiter for the Naval Aviators just after he had started college at the University of Houston. There, he found out that he could enter one of their programs as a NAVCAD – Naval Aviation Cadet – after just two years of college where the Air Force required four years. At first, his parents were fine with his decision, but as his training continued, the reality of going to Vietnam set in and his father was quite worried. Be that as it may, after eighteen months, he graduated as an Ensign and Naval Aviator. John's primary duties varied from Operations to Personnel Officer with his secondary duty that of flight duty.

John's best friend in training –both as student and later instructor– was a marine pilot by the name of Ray Kotrla. He made the military a career and retired to San Angelo, Texas. Jack Connell was his roommate on the aircraft carrier USS Coral Sea, and he also made the military a career, retiring near Edwards Air Force Base. He has had no contact with either of them since 1984 and 1983 respectively. John is very social, so easily made friends with anybody regardless of ethnicity or background. "In the air, we're all equal."

He recalled his most interesting service period as while he was with his fleet squadron, Attack Squadron 153, the Blue Tail Flies. He joined them in the spring of 1968 and left in May of 1969. They were deployed off the coast of Vietnam from September of 1968 to May of 1969. "No aviation in the world can match carrier aviation. Air operations can be carried on in an area one day and 24 hours later, air operations can be directed against a target 1000 miles away." John can tell many interesting stories about his time in the Navy. The one-on-one duel that he had with an anti-aircraft gun emplacement, or his last two days at sea when he was continually called upon to go on runs where he should have been packing. When he finally did get home, he just wanted to be with his wife.

John L. Long.

La vida en el ejército

No hay realmente una razón específica de por qué me uní al ejército, o por lo menos no una que puedo recordar. Simplemente siempre me pareció algo inevitable; siempre estaba hablando con los reclutadores cuando estaba en la preparatoria y luego de unos meses después que cumplí 17 años, mi mamá firmó el formulario de permiso para que pudiera unirme al ejército. Tuve una idea vaga de que estaría en el ejército, de que lo utilizaría para ir después a la universidad, porque sabía que no había otra manera para pagar la escuela, pero no era realmente un "plan", más bien era algo que les decía a todos los que me preguntaban qué iba a hacer después de la preparatoria. Acabé aceptando una beca completa para la universidad así que antes de irme al entrenamiento básico, me pude cambiar del ejército activo a la Guardia Nacional de Georgia.

Mi nombre es Damie Meyer y estuve en la Guardia Nacional durante ocho años, pero hacíamos despliegues más o menos como los activos así que decidí cambiarme al servicio activo, en parte por la previsibilidad y el sueldo fijo, (la Guardia obligaba tener un trabajo de tiempo completo o ir a la escuela realmente difícil). Éste era en el principio de la Operación Libertad Iraquí (OIF), por lo que las reservas y la guardia se utilizaban mucho más que la mayoría de lo que la gente se daba cuenta. Estuve en el ejército activo por otros ocho años. Mi trabajo era el de Colectora de Inteligencia Humana durante la mayor parte de mi carrera y los últimos dos años trabajé en el Programa de Prevención y Atención de Acoso y Asalto Sexual.

La mejor parte del trabajo y la primera cosa que viene a mi mente es que pude ver y hacer muchas cosas a que las nunca habría sido expuesta de cualquier otra manera. No todo fue bueno, pero tuve un montón de experiencias que me hicieron sentir realmente suertuda. Acepté el trabajo sin tener la menor idea en lo que me estaba metiendo. En ese momento, era un muy pequeño campo –tal vez 600 personas en todo el ejército (repartidas entre el componente activo, las reservas y la Guardia Nacional), así que nadie con quien hablé sabía nada del trabajo. Lo único que mi reclutador pudo decirme fue que el primer paso era ir a la escuela de idiomas en California. Este fue un gran punto de venta. A través de mi trabajo, pude conocer Bagdad antes de que fuera destruido por la violencia sectaria, monté caballos en las remotas montañas de Afganistán, tuve la oportunidad de hacer un trabajo que se sentía como que importara (en el momento, de todos modos), y aprendí más sobre el mundo más de lo que nunca hubiera creído posible. Y también creían mis amigos y familia que era una rebelde, aunque no sabían algo más. El trabajo no era tan atractivo, era duro y causaba mucha tensión emocional en cualquier persona, pero de seguro sonaba bien.

La otra cosa que me gustó de ser una colectora de inteligencia humana es que me expuso a una gran parte de la condición humana y realmente me enseñó acerca de cómo interactúan las personas y cómo y por qué hacen las cosas que hacen. Me expuso a diferentes culturas de una manera que no habría sido posible en cualquier otra esfera. La naturaleza del trabajo es que terminas tratando con individuos muy estúpidos o muy desagradables, o personas que son a la vez estúpidos y malos. De vez en cuando, se llega a conocer a las personas que son almas buenas, y eso es siempre una cosa especial. El tener que estar alrededor y trabajar con o para muchos delincuentes y personas detestables me hizo odiosa a veces, pero he aprendido mucho ir más allá de eso. Por suerte, nunca he perdido la capacidad de ver a otra persona como un ser humano único, que se acerca a la situación con su propio conjunto de problemas y habilidades y a pesar de que tomen decisiones probablemente terribles, no dejan de ser humanos. Sé que muchos de los soldados, sobre todo los que han desplegado varias veces, tienden a deshumanizar a toda una cultura simplemente por estar basada en el lugar donde vive. Intento no juzgarlos por eso porque no quiero subestimar cualquiera que sea su experiencia que los llevó a ese punto de vista, pero puede ser difícil. Así que supongo que la segunda cosa que realmente me gustó de mi trabajo en el ejército es que me enseñó a cuestionar objetivamente las motivaciones detrás de las acciones que hacen los demás. Esto me facilita entender a la gente con la cual no estoy de acuerdo (aunque no lo hace más "fácil" –todavía tengo que trabajar en esto), me hace pasar por los conflictos en la vida de una manera más tranquila.

Las cosas malas son difíciles de describir. Supongo que serían algunas de las mismas cosas que he mencionado como cosas buenas, cosas como tener que entender más de la condición humana. Hay gente mala en el mundo y he tenido que conocer a muchos de ellos. Lo que más odiaba de mi trabajo es que, una gran parte del tiempo, se sentía inútil de una u otra manera. Comprendí que mi trabajo era ir después de la parte inferior de los criminales de cañón, los demasiados sin importancia que evaluaran un escalón más alto del colector. El problema es que eran muchos de ellos. Yo trabajaba en un centro de interrogación en 2005 y cada día cuando llegaba antes del desayuno, había una nueva docena o más de presos para mi equipo de tres personas para hablar con todos. Trabajábamos 14 ó 16 horas casi todos los días, sólo para empezar de nuevo el próximo día con un nuevo grupo. Cuando estaba trabajando en el campo, también podía ser muy frustrante. Te pasas todo tu tiempo y gastas tu energía en lo que últimamente es la fruta madura de la empresa criminal/insurgente. Después de un tiempo, se hace más difícil convencerte de que lo que estás haciendo está ayudando, no lastimando.

La otra cosa mala de mi trabajo es que puede tener un costo emocional. La primera persona que cuestioné en Iraq estaba orgullosa del hecho de haber golpeado a su esposa porque ella llevaba una camisa de manga corta después de que los estadounidenses llegaron allí, porque ahora, ella sería "liberada" o algo por el estilo. Por lo tanto, aunque este tipo me está diciendo estas cosas atroces, realmente no puedo reaccionar a ellas porque necesito que siga hablando. Este es un ejemplo suave de lo que quiero decir. Antes tenía sueños en los que todas las personas con las que trabajé (que nunca deberían saber el uno del otro) se encontraban en la misma habitación, sentadas a mi alrededor en un círculo y tenía que encontrar la manera de hablar y de salir de esa situación de forma segura. Naturalmente soy una persona muy optimista, pero cuando estaba estaba asignada colectando toda esta información, me ponía realmente negativa y enojada. Cada vez que desplegué, me tomaba menos tiempo llegar a la fase negativa y me tomaba más tiempo volver a salir de esos sentimientos una vez que llegaba a casa.

En su mayor parte disfruté de mi experiencia en el ejército. Decidí dejarlo por varias razones, pero al final todo se redujo a la forma de vida. Llegué a un punto en el que ser un soldado ya no tenía sentido. La mayoría de las personas no se dan cuenta del poco control que alguien tiene sobre su vida estando en el ejército. El ejército te dice a dónde ir, cuándo estar allí, qué hacer cuando llegues allí, y no tienes mucho que decir en ello. Claro, puedes solicitar una asignación o una ubicación específica, y a veces la gente tiene suerte. Si tienes un trabajo normal, y odias ese trabajo, por lo menos tienes la libertad de buscar otro trabajo (que ojalá paga mejor). O si deseas mudarte a otra ciudad, estado o país, se puede hacer. No estoy diciendo que es fácil, pero puedes hacerlo si así lo deseas. No tienes que obtener el permiso de nadie; sólo tienes que hacer lo que sientes que es lo mejor para ti y tu familia. Esta libertad se pierde en el ejército. Ni siquiera se puede ir de vacaciones a otro país sin meses de anticipación y reuniones de información y conseguir la firma de tus superiores. Antes me llegaban e-mails diarios con ofertas de viaje de último minuto y fantaseaba acerca de ser capaz de despegar ese fin de semana e ir a Europa con estas tarifas increíblemente baratas. Hoy mi objetivo en la vida es tener la flexibilidad y el dinero disponible para poder hacer cosas de última hora. Ahora que no estoy en el ejército, ¡estoy mucho más cerca! También evolucioné mucho social y políticamente mientras estaba en el ejército. El ejército es tradicionalmente una organización muy conservadora. Empecé siendo bastante conservadora, pero solamente tenía 17 años y no sabía nada sobre el mundo. Lo curioso es que mientras más tiempo fui parte de esta organización conservadora me hice más liberal. Me uní al ejército socialmente moderada, republicana, dudosa cristiana. Ahora soy una social demócrata liberal y declarada atea.

¡La única cosa que hubiera hecho de otra manera es que me habría unido a la fuerza aérea! Si pudiera hacerlo todo de nuevo, me volvería enlistar en el ejército. Es difícil decir que haría algo diferente porque a pesar de todas las partes malas, nunca sería la persona que soy ahora sin esas experiencias. No me molestan las cosas que no llegué a hacer, porque llegué a hacer cosas que la mayoría de mis compañeros no podrían ni soñar. He aprendido mucho de estar en el ejército y me encontré con gente que no podría imaginar no tener en mi vida ahora. Es difícil decir que podría renunciar a algo de esto.

Damie Meyer.

Life in the Military

There was not really a specific reason for why I joined the military, or at least not one that I can remember. It just always seems kind of inevitable; I was always talking to the recruiters when I was in high school and then a few months after I turned 17, my mom signed the permission form so that I could join. I had this vague idea that I would be in the military and use it to go to college, because I knew that there was no other way for me to pay for it, but it was not really a "plan" so much as something that I would say to everyone who asked me what I was going to do after High School. I ended up getting a full scholarship to college, anyway, so before I went to basic training, I was able to switch from the active Army to the Georgia National Guard.

My name is Damie Meyer and I was in the National Guard for eight years, but was deployed or activated so much that I decided that I might as well go active duty, partly for the predictability and steady paycheck, (the Guard made it really hard to have a full time job or go to school). This was in the beginning of Operation Iraqi Freedom (OIF), so the reserves and the guard were used far more than most people realized. I was in the active Army for another eight years. My job was as a Human Intelligence Collector for most of my military career, and then I worked in the Sexual Harassment/Assault Response and Prevention program for the last two years that I was in the Army.

The best part of the job and the first thing that comes to mind is that I got to see and do a lot of things that I would never have been exposed to in any other way. It was not all good, but there were plenty of experiences that I feel like I was really lucky to get. I picked the job having absolutely no idea what I was getting myself into. At the time, it was a really small field –maybe 600 people in the entire Army (spread out among the Active Component, the Reserves, and the National Guard), so no one that I talked to knew anyone who had that job. All my recruiter could tell me was that the first step was to go to language school in California. That was a huge selling point. Through my job, I got to see Baghdad before it was ruined by sectarian violence, I rode horses into the remote mountains of Afghanistan, I had the chance to do work that felt like it mattered (at the time, anyway), and I learned more about the world than I would ever have thought possible. Plus, I kind of sounded like a badass to friends and family who did not know any better. The job was not all that glamourous and it was a lot of hard work that puts a lot of emotional strain on a person, but it sure sounded cool.

The other thing I really liked about being a Human Intelligence Collector is that it exposed me to a lot of the human condition and really taught me about how people interact and how and why people do the things that they do. It exposed me to different cultures in a way that would not have been possible in any other field. The nature of the job is that you end up dealing with a lot of very stupid or very unsavory characters, or people who are both stupid and bad. Very occasionally, you get to meet people who are good souls, and that is always a special thing. Having to be around and work with (or work on) so many criminals and assholes made me hateful at times, but I learned a lot from getting past that. Luckily, I never lost the ability to see another person as a unique human, who comes to the situation with their own sets of problems and abilities and despite (probably) making terrible choices along the way, they are still human. I know a lot of Soldiers, especially ones who deployed multiple times, who tend to dehumanize an entire culture of people just based on where they live. I try not to judge them for that because I do not want to diminish whatever their experience was that brought them to that viewpoint, but it can be hard. So, I guess the second thing that I really liked about my job in the military is that it taught me to objectively question the motivations behind the actions that I see other people do. It makes it easier for me to understand people who I do not agree with (although it does not make it 'easy' – I still have to work at it), and makes me go through the conflicts in life in a more peaceful way.

The bad things are hard to describe. I guess it would be some of the same things that I listed as good things, like having to understand more of the human condition. There are bad people in the world and I have had to meet too many of them. The thing I hated the most about my job is that, a lot of the time, it felt useless in a way. I understood that my job was to go after the bottom of the barrel criminals, the ones too un-important to rate a higher echelon of collector. The problem is that there were just so damn many of them. I worked in an interrogation facility in 2005 and every day when I got there before breakfast, there would be a new dozen or more prisoners for my three person team to get through. We would work 14 or 16 hours most days, just to start over again the next with a new bunch of dudes. When I was working in the field, it got really frustrating, too. You spend all of your time and energy on what is ultimately the low hanging fruit of criminal/insurgent enterprise. After a while, it gets harder to convince yourself that what you are doing is helping, not hurting.

The other bad thing about my job is that it can take an emotional toll on a person. The very first person I questioned in Iraq was proud of the fact that he beat up his wife because she wore a short sleeve shirt after the Americans got there, because now, she would be "liberated" or something like that. So, this guy is telling me this heinous stuff, but I cannot really react to it because I need him to keep talking. That is a mild example of what I mean. I used to have dreams where all of the people I worked with (who should never know about each other) were in the same room, sitting around me in a circle and I had to figure out how to talk my way out of that situation safely. I am naturally a very optimistic person, but when I was deployed and actively working as a collector, I would get really negative and angry. Each time that I deployed, it would take less time to reach the negative stage and it would take longer to get back out of it once I got home.

For the most part I enjoyed my experience in the military. I decided to leave the military for a lot of little reasons, but ultimately it came down to the lifestyle. I reached the point where being a Soldier just did not make sense anymore. Most people do not realize how little control you have over your life if you are in the military. The Army tells your where to go, when to be there, what to do when you get there, and you do not have much say in it. Sure, you can request a specific assignment or location, and sometimes people get lucky. If you have a normal job, and you hate that job, you at least have the freedom to look for another job (that hopefully pays better). If you want to move to another town, state, country, you can. I am not saying that it is easy, but you can do it if you want to. You do not have to get anyone's permission; you can simply do what you feel is the best thing for you and your family. You lose that freedom in the military. You cannot even go on a vacation to another country without months of planning and briefings and getting higher-ups to sign off. I used to get daily emails for last minute trip deals and fantasize about being able to take off this weekend and go to Europe on these amazingly cheap airfares. My goal in life is to have the flexibility and the disposable income to do stuff like that. Now that I am not in the Army, I am that much closer! I also evolved socially and politically quite a lot while I was in the military. The military is traditionally a very conservative organization. I started out being fairly conservative myself, but I was also only 17 and did not know anything about the world. The funny thing is that the longer I was a part of this conservative organization, the more liberal I became. I joined the military as a socially moderate, republican, doubting Christian. I am now a socially liberal democrat and an avowed Atheist.

The only thing I would have done differently is that I would have joined the Air Force! If you could do it all over again I would still join the military. It is hard to say that I would do anything differently because despite all the bad parts, I would never be the person that I am now without some of those formative experiences. I do not resent the things that I did not get to do, because I did get to do things that most of my peers could not dream of. I learned so much from being in the military and I met people who I could not imagine not having in my life. It would be hard to say that I would give any of that up.

Damie Meyer.

Mi breve historia

No se diría que Jean-Pierre Météreau es precisamente una figura muy imponente. Con un poco más de cinco pies de estatura se podría decir que es bastante diminuto. Sin embargo, al recibir la llamada a las filas escogió irse a la guerra en vez de evitarla como hicieron muchos.

La historia del Dr. Météreau empieza en Francia. Su padre trabajaba como criado para un embajador americano. Viendo éste las malas condiciones y la pobreza que estaba padeciendo la familia de su criado, el embajador sugirió que se mudaran a los Estados Unidos para empezar una nueva vida. Ahora bien, siendo hijo de una cocinera y de un criado para los ricos, Jean-Pierre creció cazando zorros y jugando al polo... y eso no se hace mucho en Kentucky. Ni en Indiana, dónde se instalaron luego.

La guerra de Vietnam empezó en noviembre de 1955, pero no fue sino hasta 1967 que Jean-Pierre recibió la llamada a las filas. Para entonces, ya tenía más de 20 años y estaba casado. Además su padre ya había dejado a su familia. Su madre no quería tener a un hijo cobarde, pero por otro lado su esposa sencillamente no quería vivir en Canadá. Supuestamente yendo a la guerra no sería nada fácil, pero Jean-Pierre pensaba que habría algún beneficio en ir y ver qué tal... y ya quería un cambio en su vida.

Una vez en el ejército, fue asignado al MOS (su trabajo) de 67N20 −mecánico para los helicópteros Huey. Y se fue para capacitación básica. Una vez allí, una de las memorias más impresionantes fue una de su oficial al mando, el Capitán McDermot. Tenían que recibir preparación para las máscaras antigas, así que estaban confinados en un cuarto lleno de gas C2 (gas lacrimógeno) con las máscaras puestas. Luego, tenían que presentarse ante el

Cpt. McDermot diciendo su nombre, rango y número de serie. Ese hombre permanecía todo el tiempo sin máscara y sin reacción alguna además de las lágrimas que se le estaban saliendo mientras 200 soldados se presentaban ante él. –Allí está su ética de guerrero, por Dios.– dice el Dr. Météreau.

Por lo visto la adversidad sí hizo que los soldados se unieran tal como en el caso de Duc Pho mientras, por otro lado, en las bases más grandes como Chu Lai, no fue el caso. Había tensiones raciales en Chu Lai, pero no en Duc Pho. La diferencia era que Duc Pho era atacada diariamente, así que los soldados tenían que preocuparse con asuntos más pesados que algo tan sencillo como el color de la piel. Ya que había suficientes enemigos por quienes preocuparse. Su propia sirvienta vietnamita se encontraba entre los que querían acabar con LZ Bronco. ¡Hasta el peluquero era enemigo: sucedió que él era un coronel en el ejército de Vietnam del Norte! Sí, definitivamente había muchas otras cosas por las que no valía la pena preocuparse.

Aunque había recibido la noticia de que él merecía la condecoración de la Estrella de Bronce, no se quedó para recibirla. Sentía que ya era tiempo de salir. De hecho, pudo volver a casa veinte días antes porque su mejor amigo –quien recibió la llamada a las filas unos dos meses después de Jean-Pierre– murió cuando un morter impactó donde dormía en un búnker. La esposa, que también era amiga de Jean-Pierre, lo escogió para acompañar los restos de su esposo.

Desafortunadamente, una vez vuelto a casa su esposa lo dejó, pero él se recuperó rápidamente. Tardó quizá una semana– nos dice. Sin duda fue un tiempo muy difícil, pero lo considera como preparación para las aventuras que experimentó luego. Pregúntele sobre África... y recibirá una historia sin fin y muy interesante. Más que nada, él aprendió quién era y que de verdad no vale la pena preocuparse ni por las cosas ni las personas que están fuera de su control.

Jean-Pierre Météreau.

My Brief Story

Jean-Pierre Météreau is not what one might call an imposing figure. At a little over five feet, one might even call him diminutive in stature. However, when he received the call to arms to go to war Vietnam in the form of the draft, he chose to answer rather than to evade the call as many chose to do.

Dr. Météreau's story begins in France, with his father working for an American ambassador. With his family's living conditions less than optimal, his father's employer spoke to him frankly – advising him to move to America and "make a life for himself and his kids" … and so they did. His mother had worked as a cook while his father had worked as a butler, so that's how he grew up playing polo and going fox hunting. Upon following the advice of the American ambassador, they settled first in Kentucky, and then in Indiana.

Though the Vietnam War began on 1 November of 1955, it wasn't until 1967 that Jean-Pierre was drafted. By then, he was well into his 20s and married. By that time, his father was gone and while his mother thought that to not go would be cowardly, his then wife simply didn't want to move to Canada. As daunting a prospect as going to war may have been, Jean-Pierre thought that it would be good to go "see what it was like", and he was ready for a change anyway.

Once in the Army, his assigned MOS (Military Operational Specialty) was a 67N20 – a Huey mechanic. So off he went to basic. One memory that stands out from the rest during basic training was that of gas masks. They had undergone gas mask training in order to prepare for chlorine gas – which is lethal. During training, they were confined to a room full of tear gas where they had to re-move the mask and report to their commander giving name, rank, and serial number. Captain McDermot stood there while 200 soldiers came through and reported to him. In the few short seconds that they had their masks off, they would spout out their information in a veritable stream of unintelligible garble and dash out while the good Captain stood there with no greater reaction than tears streaming from his eyes. "Now there is your warrior ethos, by God." says Dr. Metereau.

Adversity did indeed seem to bring soldiers together, as in the case of Duc Pho Base Camp versus larger bases (truth be told, it was a port) like Chu Lai. Where there were sometimes racial tensions in Chu Lai, there were none in Duc Pho. Unlike Chu Lai, Duc Pho was hit almost on a daily basis – so soldiers likely had more pressing things to worry about than skin color. There were more than enough enemies among them to make something as trivial as ethnicity a non issue. Their "hooch maid" was among those found trying to overrun LZ Bronco. Not to mention, their barber was a Colonel in the NVA (North Vietnamese Army) intelligence. So, more than enough to worry about.

Though Jean-Pierre was put in for a Bronze Star (fourth highest individual military award), he didn't hang around long enough to receive it. Though he could have likely remained long enough to get the paper work done on it, it was time to leave, and leave he did. He actually got home 20 days early, when he found out that his best friend – who had been drafted about 2 months after he did – had been killed while on stand down in Da Nang. Just lying in a bunker and caught a mortar round... At that point, his wife – also a good friend – found out that she could have whoever she wanted escort the remains, and she asked for Jean-Pierre.

Unfortunately, once he got home Jean-Pierre's wife left him, but he quickly got over it: "Took me about a week." Though undoubtedly a difficult time, it did prepare him for the adventures that he was destined to experience later in life – ask him about

Africa. Please. More than anything, he learned who he was while in Vietnam and that it really is easier to "cut people more slack" than worrying yourself over things that you cannot control.

Jean-Pierre Météreau.

Decisiones de la vida

Me uní al ejército mayormente por necesidad. Me había metido en un lío y básicamente me dijo un juez que me tenía que ir al ejército o a la cárcel. Obviamente elegí irme al servicio. Me imaginé que era mi segunda oportunidad por lo que también podría obtener lo mejor de ella.

El primer reclutador que se contactó conmigo fue un reclutador del ejército, y después de hablar con mi padre me aconsejó no entrar en la Infantería de Marina. Así que al ejército me fui. Mi nombre es David DeWalt y me uní al ejército de los Estados Unidos en 2003, mi servicio fue poco menos de nueve años. Mi trabajo en el ejército fue el de experto en comunicaciones. Trabajé con radios, satélites, computadoras y comunicaciones de red.

Las dos cosas buenas sobre el trabajo que tenía en el ejército fueron que me dio la experiencia del mundo real sobre cómo manejar, administrar, mantener y desplegar diferentes niveles de los sistemas de comunicación; así como la oportunidad de obtener certificaciones y una autorización de seguridad, que puede ser transferida y utilizada en un trabajo civil. La desventaja de mi trabajo en el ejército fue que se nos conocía como el hombre orquesta. Esto significaba que sabíamos mucho acerca de una gran cantidad de diferentes sistemas de comunicación; aunque también éramos conocidos como los amos de ninguna. Esto significaba que éramos capaces de aprender una gran cantidad de información, pero simplemente no entrábamos en detalle sobre cada tema a pesar de que esperaban que supiéramos todos los temas, ya que estaba relacionado con nuestro trabajo. En su mayor parte disfruté mis experiencias militares, ya que me permitieron viajar, conocer gente nueva y estar entre nuevas culturas y entornos. También me permitió crecer como persona.

La razón principal por la que decidí salirme del ejército fue mi familia. Acababa de regresar de un despliegue, fui a la escuela de entrenamiento y ataque aéreo, la escuela pathfinder y luego a la escuela de sargento. Mi tiempo como sargento de instrucción se consideró el tiempo de permanencia que significa que estaba listo para otro despliegue. El ser un instructor sargento se siente igual que estar en un despliegue, la única diferencia es que puedes irte a tu casa al fin del día. Empecé a notar que un soldado que estaba entrenando comenzó a mirarme como una figura paterna. Es entonces cuando pensee en mis propios hijos y me di cuenta que mi tiempo en el ejército había terminado. En los últimos cuatro años mis hijos no me habían tenido en su vida para criarlos. Eso era inaceptable para mí, así que mi esposa y yo decidimos que sería mejor que me saliera del ejército.

No creo que hubiera hecho algo diferente en el ejército. Si tuviera que cambiar algo, yo diría que habría tratado de darme tiempo para ir a la escuela y usar mi ayuda para pagar mi educación en vez de usar mis beneficios de mi GI Bill ahora. Si pudiera hacerlo todo de nuevo lo haría de la misma forma y me alistaría en el ejército. Creo que somos una compilación de opciones, de decisiones, así como de nuestro medio ambiente. Sin el ejército algunas cosas podrían haber sido más fáciles, pero no sé si hubiera llegado a ser la persona que soy ahora.

David DeWalt.

Life Choices

I joined the military mostly out of necessity. I had gotten into some trouble and a judge basically told me to either go to the military or go to jail. Obviously I elected to go into the service. I figured that this was my second chance so I might as well make the best of it.

The first recruiter to get back in touch with me was an Army recruiter, and after speaking with my father I was advised not to go into the Marine Corps. So Army it was. My name is David DeWalt and I joined the United States Army in 2003 and I served just less than nine years. My job in the military was as a communications expert. I worked with radios, satellites, computers, and network based communications.

The two good things about the job that I had in the military was that one, it gave me real world experience on how to handle, manage, maintain and deploy different levels of communication systems. It also afforded me the opportunity to get certifications and a security clearance, which can be transferred and used in a civilian job. The downside about my job in the Army was that we were known as the jack-of-all-trades. This meant that we knew a lot about a lot of different communication systems. However, we were also known as the masters of none. This meant we were able to learn a vast amount of information, but we just did not go into detail on every topic even though they expected us to know all the topics because it was related to our field. For the most part I enjoyed my military experiences because it allowed me to travel, meet new people, and be in new cultures and environments. It also allowed me to grow as a person.

The main reason I decided to get out of the Army was my

family. I had just returned from a deployment, went right into airborne, air assault and pathfinder school and then drill sergeant school. My time as a drill sergeant was considered dwell time which means that I was up for another deployment. Anyone that is a drill sergeant understands that you are gone almost as much as you are when you are deployed and when you are a drill sergeant. I started to notice that the private I was training started to look up to me as a father figure. That is when I took a look at my own children and realized my time is the military was over. In the past four years my boys did not have me in their life to raise them. That was unacceptable for me, so my wife and I decided that it would be best for me to get out of the military.

I do not believe I would have done anything different in the military. If I had to pick one thing to change, I would say that I would have tried to make time to go to school and use my tuition assistance versus using my GI Bill now. If I could do it all over again, I would have made the exact same choice and join the military. I believe that we are a compilation of choices, decisions, as well as our environment. Without the military some things may have been easier but I do not know if I would have gotten to be the person that I am today.

David DeWalt.

Después de la jungla ya no hay vida normal

Henry Pérez es uno de la tercera generación de Tejas de su familia. Sus abuelos maternos eran de El Valle y los paternos eran "kineños" o sea vaqueros de King Ranch. Su padre sirvió en la Naval durante la Segunda Guerra Mundial, y cuando se dieron cuenta de que probablemente Henry se iría a Vietnam al recibir la llamada a las filas durante su tercer año de estudio en la universidad, se consternaron. La situación empeoró porque él iba a servir en la infantería. Después de llegar a su escuela de capacitación (AIT), se alistó como voluntario para los de la infantería paracaidista de Fort Benning.

A pesar de ser uno de muchos que estaban en la capacitación básica, Henry perdió contacto con todos los que conoció allí. Desde el primer día, los instructores les decían a todos, "Ya estás en el ejército y es probable que se mueran en Vietnam." Por supuesto esto los inspiró y rápidamente se pusieron a trabajar para que pudieran aprender todo lo que necesitaban para sobrevivir. A través del fuego de la oposición, se forjó una hermandad. Cualquier otra diferencia que había entre ellos mismos no significaba nada, sólo querían sobrevivir.

El tiempo más difícil de su servicio militar fue, por supuesto, cuando estaba en Vietnam desde los fines de 1970 hasta los fines de 1971. Día y noche, viviendo en la jungla con la muerte acechando con cada paso más y más cerca cambia a una persona para siempre. Pasarían 30 días así en peligro con sólo dos días en la última fila para descansar un poco. Estaba con su pelotón o estaba en un pequeño equipo de quizá cuatro personas haciendo emboscadas o haciendo reconocimiento. Le llamaban "La caza suprema." Estas condiciones tan difíciles cambia a los que por ellas padecen y crea fuertes amistades. Su mejor amigo durante todo aquel tiempo fue Jimmy Starling –un ametralladorista M-60 que murió en 1985 aquí en los Estados Unidos. Cuando por fin volvió a casa, sólo quería volver a su familia y a su vida normal. Y sí, volvió a la familia pero nunca encontró la vida normal de nuevo. Después de algo así como Vietnam, lo normal nunca vuelve.

Henry Pérez.

After the Jungle, Life Doesn't Go Back to Normal

Henry Perez is a third generation Tejano, with his mother's parents from the Valley and his father's side of the family from the King Ranch –they were kineños, or King Ranch Cowboys. His father had served in the Navy during WWII, and when the realization struck that Henry was likely going to war in Vietnam after he got drafted during his third year in college, they were understandably upset. Worse still, he was going to be a combat infantryman. After he got to AIT, he volunteered for Airborne school in Fort Benning to join the Airborne Infantry.

Though he was one of many during basic training, Henry has long since lost contact with everybody that he knew. From the day they arrived at basic and throughout their entire time there, they were told, "You're in the Army now, and you're probably going to get killed in Vietnam." Understandably, this inspired them to learn as quickly and thoroughly as they could during training. Nobody wanted to die in the jungle. Through the fires of adversity, a brotherhood was forged, however. Any other differences were irrelevant – they just wanted to survive.

Henry's most difficult time in the service, obviously, was when he was in Vietnam from late 1970 though late 1971. Day and night, living in the jungle with death looming every second changes a person forever. They would have to live like that 30 days at a time with only 2 days rest in the rear. He was either in a platoon, or in a small squad with as few as four soldiers, pulling ambushes or recon. They called it, "The Ultimate Hunt." Such harsh times change a man forever, and create strong friendships. Henry's best friend throughout was one Jimmy Starling, an M-60 machine gunner, who died back in 1985 here on American soil.

When Henry finally did get back home, he just wanted to be with his family and get back to a normal life. Though he did indeed return to his family, his life was forever changed. There is no going back to normal after Vietnam.

Henry Pérez.

El veterano americano

El 24 de febrero de 2004 me uní al ejército de los Estados Unidos como médico (68W) con la intención de obtener entrenamiento en medicina sin tener que continuar mis estudios. La mejor parte de mi trabajo es que me encantó trabajar con pacientes, ya fueran soldados, civiles estadounidenses o niños afganos. La otra parte que me encantó fue asumir el papel de líder e instruir soldados. Me encantó dar clases de salvavidas de combate. Creo que esto despertó mi amor por la enseñanza. Esta es probablemente la razón por la cual mi especialidad es educación. También me encantó guiar soldados profesionalmente y en sus vidas privadas, para ayudarles a tomar las decisiones correctas.

La peor parte es perder amigos dentro y fuera del campo de batalla. El Capitán Benjamin Keating, mi oficial ejecutivo, murió bajo mi cuidado en Afganistán el 26 de noviembre de 2006. Su muerte aún me persigue a pesar de que no había nada que yo pudiera hacer para salvarlo. Me rompe el corazón escuchar cuando un soldado se quita su propia vida, porque no pueden lidiar con el estrés postraumático. He luchado con esto, pero nada duele más que perder a un hermano o hermana por un suicidio.

Me encantó mi experiencia y es por eso que es un poco difícil adaptarse a la vida civil a veces. Viví y respiré el ambiente del ejército durante nueve años. A veces, me siento un poco perdido porque no tengo la misma camaradería que tenía en el ejército, pero lo he encontrado en Equipo Rojo, Blanco y Azul. Esta es una organización no lucrativa que busca enriquecer las vidas de los veteranos a través de medios sociales y físicos.

No fue mi decisión dejar el ejército, pero después de servir durante nueve años, fui retirado por licencia médica porque fui golpeado por una granada lanzada de un AK-47. La única cosa que hubiera hecho diferente es intentar y ganar mis puntos de sargento en mi marca de tres años, en lugar de sentarme en mi estado promocionable por tanto tiempo. También hubiera ahorrado más dinero y tratado lo más posible de obtener una carrera profesional.

Si por mí fuera, lo haría todo de nuevo. Nací y crecí para ser un médico. Quiero a los hombres y a las mujeres con quienes serví en el ejército. Ahora hago las cosas para aquellos que no pueden y en honor a los caídos. Me siento orgulloso de ser un veterano de los Estados Unidos.

Moisés Cerezo.

The American Veteran

On February 24, 2004 I joined the United States Army as a medic (68W) in order to get hands on medical training without having to continue my schooling. The best part about my job is that I loved conducting patient care, whether they were soldiers, US civilians, or Afghani children. Another part I loved was taking, leading and teaching soldiers. I loved giving combat lifesaver (CLS) classes. I believe this sparked my love for teaching. This is probably why my major is Education. I also really loved guiding soldiers professionally and in their private lives, helping them make the right decisions was a plus.

The worst part is losing friends on and off the battlefield. Captain Benjamin Keating, my executive officer, died under my care in Afghanistan on November 26, 2006. His death still haunts me even though there was nothing for me to do to save him. It breaks my heart to hear when a soldier takes his/her own life because he/she cannot cope with post-traumatic stress. I have struggled with this, but nothing hurts more than losing a brother or sister to suicide.

I loved my experience so much and that is why it is a little difficult to adjust to civilian life sometimes. I lived and breathed the military for nine years. Sometimes, I feel a little lost because I do not have the same camaraderie that I had in the Army but I have found it in Team Red, White, and Blue. This is a non-profit organization built to enrich the lives of veterans through social and physical means.

I did not choose to leave the military, but after serving the Army for nine years, I was medically retired because I was hit by a grenade launched from an Ak-47. The only thing I would have done differently is to pursue and earn my points for Sergeant at my three year mark, instead of sitting on my promotable status for so long. I would also have saved more money and pursued my education as much as I could have.

If it were up to me, I would do it all over again. I was born and bred to be a medic. I love the men and women I served with. Now I do things for those who are no longer here and to honor the fallen. I am proud to be a United States Veteran.

Moisés Cerezo.

En la infantería de marina hasta los de finanzas son fuertes

Desde el primer momento que conocí a Francisco Yruegas, me di cuenta que era de la Infantería de Marina. Es chaparrito, pero anda como un miembro de la marina: seguro de sí mismo, quizá un poco gallito pero práctico y un buen hombre. Nació de una familia militar, su padre y sus tíos estaban en el ejército. Él escogió la Infantería de Marina porque "buscaba un desafío." Por supuesto esto enojó a su padre ya que no quiso seguir la tradición de unirse al ejército. Frank nació en Alabama, su madre nació en Corpus Cristi y su padre en Robstown, pero todos sus abuelos vinieron de México.

Irónicamente, aunque sea un hombre muy macho, su trabajo fue un 3423 funcionario de salario y viaje militar. También subió rápido de rango. En dos años lo hicieron suboficial. Durante la capacitación básica, su instructor lo utilizaba como ejecutor para castigar a los aprendices que no querían correr, por ejemplo. Él los empujaba o arrastraba físicamente. A él le gustaba pero me imagino que a ellos no tanto. A pesar del papel que desempeñaba, se llevaba bien con casi todos ya que había conocido a muchos tipos diferentes debido a su vida previa de militar.

La temporada más interesante de su servicio fue de octubre hasta diciembre de 1993 cuando un Blackhawk (tipo de helicóptero) fue disparado y cayó sobre Somalia por lo que mandaron su unidad para resguardar la Universidad de Mogadishu donde había una escuela de doctores americanos. Tenía muchos amigos de allí pero su mejor amigo era Mike Ramírez que le da crédito por salvarle la vida durante varios combates. Aún cuando había muchos y Frank estaba solo. Al separarse de la Infantería de Marina. Frank no tenía grandes planes de lo que quería hacer pero siempre comía en Whataburger cada vez que volvía a casa. Son las cosas pequeñas las que más valen.

Francisco Yruegas.

In the Marines Even The Finance Guys Are Tough

From the moment I met him, Francisco Yruegas struck me as a Marine. Not in a bad way, mind you, just in a Marine way. Though not a very tall guy, he carries himself in a way that only a Marine can —self-assured, maybe even a little cocky— but a very down to earth, good guy. He comes from a military family: his father and all of his uncles were in the Army. He chose the Marines because he, "wanted a challenge." Unsurprisingly, his father was angry that he didn't follow tradition and join the Army. Frank was born in Alabama while his mother was born in Corpus Christi and his father in Robstown, but his grandparents are all from Mexico.

Ironically, though he comes across as a bit of a tough guy, he was a 3423 Military Pay and Travel Clerk while in the Marines. He also made rank quickly, becoming an NCO within two years of enlistment. During basic training, he was used as a "heavy" (enforcer) by his DI, Sgt. Cushing, to punish trainees that he didn't care for by having Frank drag or push them along after they'd given up on a given task (like running uphill, for example). Frank seemed to get a kick out of it, though I imagine whoever he was dragging or pushing didn't. Despite the role he was given, he was able to get along with pretty much anybody as he had already met many different kinds of people due to the military lifestyle that he had grown up with.

One of the more interesting times during his service was from October to December of 1993, when a Blackhawk (helicopter) was shot down over Somalia and his detachment was sent in for security for the University of Mogadishu where there was a school for American Doctors. He also made many friends, but Mike Ramirez stands out from the rest because Frank credits him with saving his life on more than one occasion –especially during fights where Frank was outnumbered and Mike was the only one to jump in and back him up - they maintain contact to this day. When he separated from the Marines, Frank didn't have anything in particular that he wanted to do, but he did make it a point to eat at Whataburger every time he came home on leave. It's the little things that count.

Francisco Yruegas.

Capitán América

Mi nombre es Keith Kuenzel y me uní al ejército por lo que ocurrió en nuestro país el 11 de septiembre de 2001. Dejé mi compañía de transporte por carretera y decidí que iba a ser un soldado en el ejército de los Estados Unidos. Tenía mi propia compañía de camiones y había viajado por todo EE.UU., vi lo hermoso que es nuestro país, lo grande que la gente realmente es y por qué valía la pena arriesgar mi vida. Serví durante cuatro años como un 11B, que es la infantería.

La mejor parte de mi trabajo es que como soldado de infantería pude disparar y volar un montón de cosas, que era realmente muy divertido. Pero lo mejor fue la camaradería de estar en una unidad que requiere gran trabajo en equipo y haber sido parte del equipo que capturó a Saddam Hussein. Los soldados con los que serví eran y son mis héroes porque hemos ayudado a librar al mundo de un ser humano verdaderamente negativo y perjudicial.

Lo peor de mi trabajo fueron los despliegues porque me llevaron lejos de mis hijos y causaron la pérdida de amigos en el combate. He perdido dos de los mejores amigos que he tenido, y uno de esos hombres, el teniente Osvaldo Orozco, dio su vida por mí; siempre recordaré que perderlo fue el peor sentimiento que jamás he sentido.

Me gustó mucho ser un soldado de la infantería. Me enseñó mucha más disciplina de la que había tenido y me dio amigos que son en realidad más cercanos que mi propia familia. Tuve que dejar el ejército después de la implementación en la Bahía de Guantánamo, Cuba y sufrí una lesión grave en la pierna izquierda, que me impedía el ejercicio de mis funciones. La única cosa que cambiaría en toda mi experiencia en el ejército es que hubiera aprovechado la oportunidad de ir a la escuela mientras que estaba en el ejército para recibir mi licenciatura.

Si pudiera hacerlo todo de nuevo, sin duda que lo haría. Me uniría al servicio a nuestro país porque es uno de los mayores logros de mi vida. Me gustó mucho ser parte de algo más grande que yo y servir al país que amo. Ser un soldado y ahora un veterano, me da un gran orgullo por mi país, por los hombres y las mujeres que han luchado y muerto en su defensa y en su honor volvería a hacerlo otra vez.

Keith Kuenzel.

Captain America

My name is Keith Kuenzel and I joined the Army because of September 11, 2001. I left my trucking company business and decided I was going to be a soldier in the U.S. Army. I owned my own trucking company and had traveled extensively throughout the US; I saw how beautiful our country is and how great the people really are and why they were worth putting my life on the line for. I served for 4 years as an 11B, which is infantry.

The best part of my job as an infantryman was being able to shoot and blow up a lot of stuff, which was really a lot of fun. But the best thing was the camaraderie of being in a unit that required great teamwork on the team that captured Saddam Hussein. The soldiers I served with were and are my heroes because we helped to rid the world of a truly evil human being.

The worst parts were the deployments because they took me away from my children and losing friends in combat were the worst parts of my job. I lost two of the best friends I have ever had and one of those men, Lt. Osbaldo Orozco, gave his life for me and I will always remember that losing him was the worst feelings I had ever experienced.

I enjoyed being an Infantry soldier very much. It taught me a great deal more discipline than I already had and gave me friends that are actually closer than family. I had to leave the military after my deployment to Guantanamo Bay, Cuba and had a severe injury to my left leg which prevented me from performing my duties. The only thing I would have changed about my whole experience in the military is that I would have taken advantage of going to school, while in the military and earned my degree.

If I could do it all over again, I would do it. I would join; service to our country is one of the greatest accomplishments in my life. I really enjoyed being a part of something greater than myself and serving the country that I love. Being a soldier and now a veteran I take great pride in America and the men and women have fought and died in her defense, and in their honor, I would definitely do it all over again.

Keith Kuenzel.

¿Quién hubiera dicho que la capacitación básica sería divertida?

Aunque su familia viene de Chihuahua y ella misma nació en Nuevo México, Enna Haines se considera nativa de Seguín. Por motivos conocidos sólo por los oficiales de reclutamiento de la fuerza aérea, la vista de Enna era demasiado mala para ser admitida, así que con el apoyo de su madre, ella optó por enlistarse en el ejército. Aunque su madre no quería que ella lo hiciera de nuevo —probablemente debido al peligro que ella corría durante sus despliegues— Enna encontró algo que le gustaba y lo hizo de todos modos.

Su trabajo era el de un 36M es decir, interrogador, y significaba que pasaría la mayoría del tiempo de su servicio en Iraq. Al estar allí de 2006 hasta 2007, supo que no todos odiaban a los americanos. De hecho, hay muchas personas buenas allí y tienen una cultura muy interesante. A pesar de ser su primera vez in Iraq, Enna ya no tenía prejuicios debido a su experiencia de capacitación básica, fue una época que ella disfrutó muchísimo. Para ella, hasta la comida fue genial. Sigue en contacto con algunos de sus amigos de allí y habla con su mejor amiga, Angela Vinasco, cada semana. Siendo una persona muy paciente, Enna no tenía problemas para hacer amigos. Es probable que sea una de las razones por las cuales disfrutó tanto durante un tiempo que muchos no consideran divertido de ninguna manera. La mayoría no se divierten durante la capacitación básica. Enna es una de las personas excepcionales que sí se divirtió.

Recibió algunas condecoraciones, pero de la que más se enorgullece es un ARCOM que recibió por socorrer a su sargento primero cuando cayó de un precipicio en una pista americana. Fue la rápida reacción de Enna lo que aseguró que él se restableciera por completo. Y así fue a lo largo de su carera militar. Al salir del ejército, ella esperaba anhelosamente no hacer nada por un rato... lo que duró quizás una semana.

Enna Haines.

Who Knew That Basic Training Would be Fun?

Though her family is from Chihuahua, Mexico and she herself was born in New Mexico, Enna Haines considers herself a native of Seguin, Texas. For reasons known only to the Air Force recruiters, her eyesight was too poor so they waived her. At the behest of her mother, she opted to join the Army instead. Though later mom didn't want her to reenlist –likely due to the dangerous nature of her deployments– Enna had found something that she enjoyed in being in the military, so she reenlisted anyway.

Enna's MOS was that of a 36M, or a human intelligence collector, and it meant that she would spend most of her time in service overseas in Iraq. While overseas from 2006-2007, she found that not everybody over there hated Americans. In fact, there are a lot of good people over there who have a very interesting culture. Though it was her first time in Iraq, she already had an open mind from her basic training experience - a time that, unusually, she enjoyed immensely. "Even the food was good," she recalled. She remains in contact with some of her friends from basic training, and talks to her best friend from basic, Angela Vinasco, on a weekly basis. Being a generally open-minded person, Enna had no problems making friends. Likely one reason that she found so much enjoyment during a time that most would consider difficult under the best of circumstances. Most people don't seem to have much fun in basic – Enna would be an exception to the rule.

Enna received a few awards during her time in service, but the one that she is most proud of is her Army Commendation Medal (ARCOM). She was awarded it when she rushed to the aid of her first sergeant when he fell from the top of an obstacle course. It was her quick reaction that saved him from any kind of permanent paralysis and led to his full recovery. Such was the tone throughout her military career, and when she got out, she looked forward to doing nothing for a while. That lasted for about a week...

Enna Haines.

El de toda la vida

Mi nombre es Eddie Castro y después de graduarme de una escuela técnica en 2006, me di cuenta de que con poca o ninguna experiencia en mi carrera no iría muy lejos rápidamente. Al crecer en una familia militar, supe que ingresar al ejército sería una forma fácil para salirme de mi casa y a la misma vez ganar un salario honesto. Así que me uní al ejército de los Estados Unidos y he estado sirviendo a nuestra gran nación por ocho años y medio. Soy un 15G, en un taller de reparación estructural de aviones, en el 160 Regimiento de Operaciones Especiales de Aviación.

La mejor parte de mi trabajo es el orgullo y la alegría de saber que los helicópteros en los que trabajamos estarán en algún lugar en el mundo en un momento sin previo aviso para destruir a aquéllos que intentan provocarnos y solamente unos pocos sabrán quien lo hizo. El otro aspecto bueno de mi trabajo es la transición del gobierno militar al civil, porque siempre habrá una necesidad de una persona con experiencia en los talleres de reparación estructurales en todo el mundo.

Con los buenos aspectos también hay malos. Estos incluyen la cantidad de horas, días, semanas y meses que uno se pasa en arreglar estos aviones de cuarenta millones de dólares, la reconstrucción de ellos y el mantenimiento en un corto período de tiempo. Para hacer este trabajo hay que tener paciencia, creatividad y delicadeza, si falta una de estas virtudes la persona no es apta para hacer esto. Un trabajo de treinta minutos se puede convertir en un evento de todo el día, lo que puede complicar la situación, como el hecho de que el avión no sea capaz de llevar a cabo la capacitación programada o desplegar.

Me ha encantado mi experiencia en el ejército. Me ha dado la oportunidad de viajar por todo Estados Unidos, Medio Oriente, Asia y Europa. Las oportunidades que me han dado han sido más que un cambio de vida. He tenido el placer de servir veintiocho meses en dos entornos distintos de combate. La adrenalina y la experiencia no son como cualquier cosa que se pueda duplicar en la vida de una persona normal.

Hasta este momento nunca he considerado salirme del ejército. Estaré llegando a mi décimo aniversario en 2016, lo cual será la mitad del camino a la jubilación a la temprana edad de 41. Las experiencias de que he sido parte, hasta el momento, me han mantenido de pie y listo para viajar a cualquier parte del mundo en un momento sin previo aviso para ser parte de cualquier tipo de conflicto del gobierno o de amenaza nacional. No creo que hubiera hecho algo diferente, en este momento me siento como si tuviera que aprender más para ser un mejor líder antes de dar el siguiente paso.

No creo que habría hecho mi vida de otra manera. Al crecer en una familia militar, este estilo de vida se me inculcó desde muy joven. Siento que esto es para mí, el asistir a formaciones especiales donde todo es espontáneo hasta el punto de ser muy improbable, se siente como si se tratara de una película.

Eddie Castro.

The Lifer

My name is Eddie Castro and after graduating from a technical school in San Antonio 2006, I realized that with little to no experience in the career field I would not be going far quickly. Being a military brat, I found it would be an easy ticket away from home and to earn an honest pay. So I joined the United States Army and I have been serving our great nation for eight and a half years. I am a 15G, which is an aircraft structural repairer, in the 160th Special Operations Aviation Regiment.

The best part of my job is the pride and joy knowing that the helicopters which we work on will be somewhere in the world at a moment's notice destroying those who test us and only few will even know who did it. The other good aspect of my job is the transition from military to civilian, there will always be a need for experienced structural repairers around the world.

With the good aspects there are also bad. These include the amount of hours, days, weeks and months spent on taking these forty million dollar aircraft down to nothing and rebuilding them and maintaining them in a short period of time. To do this job you have to have patience, creativity and finesse without one of those you do not really have what it takes to do this. A thirty-minute job can turn into an all-day event, which snowballs into bigger issues like the aircraft not being able to conduct scheduled training or deploy.

I have loved my experience in the military. It has taken me all over the United States, Middle East, Asia and Europe. The opportunities that have been giving to me have been nothing but life changing. I have had the pleasure of serving twenty-eight months over two separate combat environments. The adrenaline rush and the experience are not like anything you could possibly duplicate in a normal person's lifetime.

Up to this point in time I have never considered getting out of the military. I will be reaching my ten-year anniversary in 2016, which will be half way to retirement at the young age of 41. The experiences I have been a part of have, up to this point, always kept me on my toes and ready to travel anywhere in the world in a moment's notice to be a part of any type of government conflict or national threat. I do not believe I would have done anything different, at this point in time I feel like I have more learning to do in order to be a better leader before taking the next step.

I do not believe I would have done it any other way. Growing up as a military brat, the lifestyle was instilled in me from a young age. I feel like this is meant for me, the traveling to the special training us conduct it is all-spontaneous almost to the point where it is farfetched and almost movie like.

Eddie Castro.

Tejano hasta la médula

Forest Eldridge II es un hombre que se enorgullece de su independencia, fidelidad y justicia. Su familia ha estado en Texas desde los tiempos cuando todavía no era Texas, y es algo del cual también se enorgullece mucho. Cuando decidió enlistarse en el ejército en 1960, fue por la gran consternación de su esposa pero no era algo muy inesperado. Su padre, siendo un granjero de vaquería, no tuvo oportunidad de servir en la Segunda Guerra Mundial porque el gobierno decidió que la vaquería era una cosa esencial para la nación. Así que cuando Forest pudo, sintió un gran orgullo al ver a su hijo hacer lo que él no había podido lograr.

Mientas estaba en el ejército Forest trabajaba operaciones de artillería. De hecho, dice que una de las cosas más interesantes que hizo fue entrenar a los nacionales de Corea en métodos de dirección de artillería y técnicas básicas militares durante la operación Estrella Blanca. El trato con personas de diferentes culturas fue algo natural para Forest porque había vivido en otros países durante su juventud. El pasó unos años en Venezuela donde aprendió el español –algo que le serviría muy bien luego en el ejército. Durante su capacitación básica, su sargento de pelotón no hablaba casi nada de inglés y al ser Forest el único bilingüe que hablaba español, lo hizo su ayudante. De ese entonces Forest tenía algunos buenos amigos pero ya todos se han marchado.

Como viene de una familia que vivía entre culturas diferentes, él solía hacer fuertes amistades que duraban toda la vida, tal como fue el caso de su mejor amigo James Ray Byram. Ellos se conocieron en Venezuela mientras asistían a la misma escuela, y su amistad ha perseverado durante todos estos años, incluso cuando Forest estaba en Corea y Jim se fue a Vietnam. Dicho eso, lo que anhelaba más que nada después de Corea fue llegar a estar con su esposa de nuevo y empezar otra generación de tejanos.

Forest Eldridge II.

You Don't Get Much More Texan

Forest Eldridge II is a man that prides himself on his independence, loyalty, and sense of justice. His family has also been in Texas since before it was Texas, and it is something which he also takes great pride in. When he decided to join the Army in 1960, his wife was a bit dismayed but his move was not entirely unexpected. As a dairy farmer, his father before him was unable to fight in World War II because at the time dairy farmers were deemed an essential national resource. So when Forest joined, it was not without a sense of pride that he was able to do so.

While in the Army, he was in Artillery operation. In fact, one of the most interesting things that he was able to do was training Korean Nationals in artillery fire direction and basic military skills while in Korea during Operation White Star. Dealing with people of different cultures was something that came naturally to Forest due in no small part to the fact that he lived abroad for much of his youth. He actually spent a few of his formative years in Venezuela, where he learned Spanish. This would pay off years later in the Army, he would have a platoon sergeant in basic training that only spoke Spanish, and he was the only bilingual Spanish speaker. Therefore, he became his assistant. He had a few good friends from those days in basic, but they are all gone now.

Coming from a family that was raised in different cultures would help him to create strong friendships that would last a lifetime, such as with his good friend James Ray Byram. They met in Venezuela as they both attended the same school, and their friendship has withstood the test of time through Forest's experience in Korea and Jim's in Vietnam. With that said, what he looked forward to the most after his service in Korea was getting reacquainted with his wife and starting another generation of Texans.

Forest Eldridge II.

La doctora

Mi nombre es Jeannie Kuenzel y me uní al ejército por varias razones. La primera fue para servir a mi país y también porque recibí una beca a través del ejército, tuve la oportunidad de ir a la Facultad de Medicina sin pagar nada y para cumplir mi sueño de ser doctora. Recibí mi licenciatura por una beca en el programa profesional de la salud a través del ejército. Hice mi solicitud al ejército y a la fuerza aérea, pero sólo el ejército me aceptó.

Tenía muchas ganas de ir al ejército ya que mi padre y mi hermano estaban en él. Estuve durante nueve años y decidí salirme cuando terminé mi deber con ellos. También decidí separarme del ejército porque acababa de tener a mi segundo bebé. Una vez que terminé mi entrenamiento, mi residencia y mi beca me convertí en una endocrinóloga.

Lo mejor de mi trabajo fue que tuve el privilegio de darles tratamiento a los soldados en el servicio activo así como a los jubilados. También me gustó mucho la camaradería de mis colegas médicos. La peor parte de mi trabajo fue la gran cantidad de pacientes que uno tiene que atender. Otro aspecto negativo de mi trabajo era estar de guardia cada tres o cuatro días.

Mi tiempo en el ejército fue uno de los mejores momentos que he tenido en toda mi vida. No cambiaría mi decisión de haber ingresado al ejército, pero me habría gustado poder ser más valiente y quedarme más tiempo. Aunque realmente creo que tengo una de las mejores preparaciones médicas que cualquier persona podría conseguir, he establecido relaciones permanentes que me han ayudado en muchos sentidos, y probablemente no habría entrado en el campo de la medicina sin esta oportunidad. En su lugar me habría convertido en una maestra.

Mi experiencia fue totalmente increíble, pero el horario de guardia y nuestras responsabilidades fueron muy agotadoras durante los tres años de mi residencia. No me hubiera convertido en doctora, debido a las experiencias que he tenido después de estar en el ejército.

Jeannie Kuenzel.

The Doctor

My name is Jeannie Kuenzel and I joined the military for multiple reasons. The first was to serve my country and since I got a scholarship through the military, I was able to go to medical school without any loans to fulfill my dream of becoming a physician. I got the health professional scholarship program (HPSP) through the Army. I applied to both the Army and Air Force but only the Army accepted me.

I really wanted to go to the Army since my dad and brother both were there. I was in the Army for nine years and decided to leave once I completed my enlisted time with them. I also separated because I had just had my second baby. After I finished my training, residency and fellowship I became a staff endocrinologist.

The best thing about my job was the privilege of providing care to the active duty and retirees. I also enjoyed the camaraderie of my fellow physicians. The worst part of my job was the large turnover that the patients seem to get with medical health care. Another bad aspect of my job was being on call every three to four days.

My time in the military was one of the best times that I have had in all my life. I would not change my decision to joining the military but I would have been braver and extended my time in it. Although, I truly believe that I got one of the best medical training that anyone could get and I have made long life connections, which I currently enjoy, I probably would not have gone into the medical field.

My experience was completely awesome but the constant on-call schedule and our responsibilities were exhausting over the three years of my residency. I would not have become a doctor because of the experiences I have had since being non-active duty. Instead I would have become a teacher.

Jeannie Kuenzel.

Jubilación forzada

Soy David Wederstrandt y me uní al ejército para servir a mi país. He tenido dos alistamientos diferentes en el ejército. El primer alistamiento fue con la Marina de los Estados Unidos en 1990. Mi segundo alistamiento fue en el ejército de los Estados Unidos en el año 2000 que elegí para servir a mi país y por los beneficios de mi familia. La economía no era buena en ese momento y necesitaba tener una vida mejor para mi familia. Serví en el ejército un total de 18 años y medio. Mi trabajo principal en el ejército fue ser un instalador de sistemas de cable que me permitía establecer la comunicación entre los postes durante operaciones de combate.

Durante mi tiempo en el ejército tuve buenas y malas experiencias. Algunas de las mejores experiencias fueron que tuve la capacidad de recibir educación y entrenamiento gratis. Este aspecto me benefició para poder ser un mejor soldado. También me encantó la experiencia de trabajar con los soldados para mejorar y moldearlos para tener éxito en el ejército o en el mundo civil.

La mala experiencia fue que dejé que el ejército se hiciera cargo de mi vida. Esto no era una forma estable de vida a causa de todo el movimiento, especialmente cuando se trata de adolescentes. Otro aspecto negativo fue trabajar para líderes que no entendían cómo dirigir o no se preocupaban por las personas que dirigían. Finalmente, la última mala experiencia era tener que forzar a mis soldados a llevar a cabo cosas en las que yo no creía.

De todo lo que he aprendido de mi método de dirección y mi visión colectiva y gracias a todos los líderes que he tenido, me veo entre todas las decisiones buenas y malas para determinar un curso de acción para casi todas las decisiones que tengo que tomar ahora. Me encantó mi experiencia en el ejército y aunque no fue mi decisión dejarlo, tuve que hacerlo debido a razones médicas. Se determinó que ya no estaba en condiciones físicas de continuar la misión en forma segura.

Las cosas que hubiera hecho de otra manera durante mi tiempo de servicio es que no me habría ofrecido durante tantos despliegues. También habría aprovechado la ayuda del pago de matrícula para asistir a la universidad y completado mucho más de mi educación. Si pudiera hacerlo todo otra vez lo haría. Si tuviera que elegir unirme al ejército, lo volvería hacer porque proporcionó mucho para mi familia con los beneficios.

David Wederstrandt.

Forced Retirement

I am David Wederstrandt and I first joined the military to serve my country. I have had two different enlistments in the military. The first enlistment was joining the United States Navy in 1990 and my second enlistment was joining the United States Army in 2000 in which I chose to serve my country and for benefits for my family. The economy was not good at this time and I needed to have a better life for my family. I served in the military for a total of 18 and half years. My primary job in the military was a cable systems installer which allowed me to establish communications between posts during combat operations.

During my time in the military I had good experiences and bad experiences. Some of my good experiences where the ability to have free education and training. This aspect benefited me to become a better soldier. I also loved the experience of working with soldiers and bettering them by molding their minds to be successful in the Army or in the civilian world.

The bad experience was me allowing the military to take over my life. This was not a stable way of living because of all the moving especially with teenagers. Another bad was working for leaders who did not understand how to lead or care about the people they lead. Finally the last bad experience was forcing soldiers to accomplish things that I strongly did not believe in.

From all of that I have learned my method of leadership and my collective view and thanks to all of the leaders that I have ever had, I look at all of the good decisions as well as all of the bad to determine a course of action for almost all of the decisions I now make.

I loved my experience in the Army and although it was not

my choice to leave the military, I had to do so due to medical reasons. The reason I left the Army was because of the findings of my medical board, which said I was no longer physically able to continue the mission safely.

The things I would have done differently during my time of service are that I would not have volunteered for so many deployments. I would have also taken advantage of the tuition assistance (TA) and I would have attended college and completed much more of my education. If you could do it all over again I would have. I joined for my family and if I had the choice I would still join for my family because it did provide a lot for my family as far as benefits.

David Wederstrandt.

El realismo desde las alturas

William Eldridge no creció en un ambiente militar tal como se entiende. No obstante, siempre ha tenido fuertes sentimientos hacia eso y un sentimiento muy fuerte de patriotismo. Tenía bien claro que le iría bien si ingresara en el ejército. ¿Por qué el ejército? Porque no quería vivir en un barco y lo único que le gustaría hacer en las fuerzas aéreas era ser piloto que no fue una opción debido a su mala visión. Papá estaba orgulloso —él mismo sirvió en el ejército y en las fuerzas aéreas y le fue un placer ver a por lo menos uno de sus hijos servir honradamente. Mamá aunque estaba también orgullosa de su hijo, aunque no entendía porque él decidió unirse a la infantería. De hecho, la infantería aerotransportada —igual como lo hizo su padre. Will también aprendería técnicas especializadas que le servirían para animarse por tratarse de la infantería aerotransportada al cumplir con su capacitación y luego calificarse para utilizar el cohete Javelin (el Javelin es un tipo de misil antitanque portátil). Todo esto significa que William fue un 11B1P2C, lo que quiere decir que era un operador del Javelin de infantería aerotransportada. Llegar hasta tal punto no fue un proceso ni rápido ni fácil.

Como todos los del ejército, William tuvo que cumplir con la capacitación básica. Es cierto que fue un largo trecho horrible, pero mantenía una perspectiva distinta a la de los instructores. Da igual que a lo largo de la capacitación básica los instructores chillaban, gritaban, y generalmente actuaban como locos —él entendía que sólo eran humanos normales que tenían un trabajo designado. Tenían que darles lata a los nuevos soldados con el fin de prepararlos para los tiempos difíciles en los que siempre se meten los soldados. Y lo entendía aún mejor al ver a algunos de los mismísimos instructores cuando él se fue a la escuela para la capacitación de la infantería aerotransportada y podía hablar con ellos. Lo cual le mostró que de verdad ellos no eran locos sino seres humanos.

Claro que la sangre de la infantería aerotransporta corre por sus venas –sin embargo, la temporada más interesante para Will era después de haberse separado del ejército tradicional y estar en las reservas activas. Le tocó ir a Iraq de agosto de 2005 a agosto de 2006 y fue asignado a una sección que escoltaba convoys de un lado de Iraq al otro. Lo que se le hizo interesante fue la estructura de mando. Normalmente siempre habría un sargento del pelotón o un comandante de la compañía al lado suyo, pero durante los convoys ellos estaría ausentes por un par de semanas, lo que significaba que un E5 o E6 solo estaría al mando de todo.

Por supuesto que estar en el ejército fue una experiencia nueva, pero no lo hizo cambiar de personalidad. Al haber crecido en un ambiente de tolerancia, hacerse amigos que tenían orígenes distintos no era difícil y ya era algo natural para él. Entre eso y los fuegos de la adversidad, las amistades forjadas siempre son más fuertes. Por lo mismo, él sigue en contacto con muchos de sus amigos. Después de todo lo dicho y hecho, y de haber estado en su uniforme por un año, lo único que quería hacer era comer comida normal y quitarse el uniforme.

William Eldridge.

Realism in from Above

While not brought up in the military in the traditional sense, William Thomas Eldridge has always had fairly strong attachments to it, and a streak of patriotism a mile wide. The obvious conclusion for him was to join the military. Having no desire to spend his life on a ship, and with the impossibility of being a pilot due to his eyesight, he decided to join the Army. Dad was proud – he had been in both the Army and Air Force, and was glad to see at least one of his sons serve honorably. Mom, though proud to have a son in the military could not understand why he chose to serve in the infantry. Airborne infantry, to be exact – just like his father. Will would also undergo a lot of specialized training to further entrench him in the annals of the infantry and won his Airborne qualification followed by a Javelin gunner qualification (the Javelin is a kind of hand held anti tank missile). All of this meant that William was an 11B1P2C – an airborne infantry javelin gunner. Getting to that point of expertise, didn't come all at once and certainly wasn't easy.

As with all anybody else in the military, William had to go through basic training. And while basic training was really just one long streak of suck, he did have a unique perspective on the DI's (Drill Instructors). Despite the fact that throughout basic training the DI's yell, scream, and generally act insane towards their trainees, he realized that they were just humans fulfilling a role entrusted to them. They needed to put their fledgling soldiers through a lot of stress in order to try to prepare them for the high-tension situations so common to soldiers the military. This point was further driven home when Will went to airborne school only to find some of his former DI's arrived there a few weeks after he did, where interaction with them showed how human they really are.

Though Airborne "by blood", Will's most interesting time was after he had separated from the Army and was put on active reserve. As a result, from August of '05 to August of '06, he was assigned to a transport unit, which escorted convoys across Iraq. What made it interesting was that, unlike a normal unit where platoon sergeants or company commanders were always nearby, while in a convoy, you wold be gone for a couple of weeks at a time – which meant that the command structure was very different. The ranking individual was only an E5 or E6.

While joining the military had been a new experience for him, it did little to change him as a person. Having been raised in a fairly tolerant environment, making friends among people of all stripes came naturally. That, and friendships are always stronger when forged in the fires of adversity. As a result, he has no one friend which he keeps in contact with; rather, he has many that he maintains contact with. After all was said and done, and after one year in uniform the only thing he wanted to do was eat normal food, and get out of uniform.

William Eldridge.

Tu vida es lo que logras

Cierra tus ojos, abre tu mente, deja tu corazón correr libremente.
Piensa en todas las cosas en tu vida que sólo tú puedes ser.
Hay muchas decisiones que debes tomar día a día.
Si Dios es parte de ellas, siempre vas a encontrar el camino.
Proponte metas que parezcan inalcanzables.
No te rindas, de lo contrario no llegarás al final del camino.
Cada día es un desafío desde el momento en que despiertas.
Tú eres responsable de tus acciones, de los pasos que has de dar.
Así es que mientras avanzas el camino de la vida, recuerda lo que has hecho.
Porque al final, cuando la batalle termine, sabrás que has ganado.

Your Life Is What You Make It

Close your eyes, open your mind, let your heart run free.
Think of all the things in your life that only you can be.
There are many choices you must make living day by day.
If God above is a part of them, you will always find your way.
Reach high and far at the goals that you want to achieve.
Don't give up, for if you do, the end you will not receive.
Every day is a new challenge the moment you awake.
You're in charge of what you do; the steps you decide to take.
So as you walk the road of life, remember what you've done.
For in the end, when the battle's over, you know that you have won.

Donlee R. Wilson

Contenido / Contents

www.ingramcontent.com/pod-product-compliance
Lightning Source LLC
Chambersburg PA
CBHW031601040426
42452CB00006B/379